日本語《にほんご》発見《はっけん》

『日本国語大辞典《にほんこくごだいじてん》』元編集長《もとへんしゅうちょう》
神永《かみなが》 暁《さとる》 監修《かんしゅう》

1 意味《いみ》変《へん》することば・思《おも》いこみ変《へん》することば

すずき出版

はじめに

神永《かみなが》 曉《さとる》

この本《ほん》を手《て》に取《と》ってくれてありがとう。

みんなは「ことば」に対《たい》してどんなイメージをもっているかな？　決《き》まりごとがたくさんあってむずかしいと思《おも》っている人《ひと》もいるかもしれないね。でもね、長《なが》年《ねん》日本語《にほんご》の辞書《じしょ》を作《つく》る仕事《しごと》をしてきたわたしから見《み》ると、ことばはとても自由《じゆう》で、時代《じだい》や使《つか》う人《ひと》によってどんどん変化《へんか》しているものなんだ。その変化《へんか》は、意味《いみ》が変《か》わったり、使《つか》い方《かた》が変《か》わったりといろいろなんだけど、今《いま》も続《つづ》いているんだよ。おとなの人《ひと》が使《つか》っていることばがなんとなくちがうように感《かん》じたら、それはそのせいなんだ。

この本《ほん》では、そんなことばの変化《へんか》を紹介《しょうかい》しているよ。みんなには、もっとのびのびと自由《じゆう》にことばを使《つか》ってほしいというのがわたしの願《ねが》いなんだ。

もくじ

1章《しょう》 意味変《いみへん》することば

爆《ばく》笑《しょう》

意味《いみ》変《へん》することばのトップバッターは「爆笑《ばくしょう》」だよ。

「ひとりで爆笑《ばくしょう》しちゃった」とか、よく聞《き》くよね。でも、辞《じ》書《しょ》でこのことばの意味《いみ》を調《しら》べてみると、「大勢《おおぜい》の人《ひと》が笑《わら》うこと」と書《か》かれているんだ。「爆《ばく》」は「はじける」という意味《いみ》で、本来《ほんらい》は「大勢《おおぜい》が一度《いちど》に」という意味《いみ》だったんだ。だからアユミさんは「家族《かぞく》みんなでテレビを見《み》て笑《わら》った」と思《おも》ったんだね。最近《さいきん》では、「ひとりで大笑《おおわら》いする」という意味《いみ》も辞書《じしょ》にのりはじめているよ。ことばは、意味《いみ》が変《か》わっていくことや、今《いま》までなかった意《い》味《み》がふえていくことってよくあるんだ。

いろいろな「笑《わら》い」

・**失笑《しっしょう》**（→16ページ）
思《おも》わず笑《わら》ってしまうこと。こらえきれずに笑《わら》ってしまうこと。

・**苦笑《くしょう》**
おもしろいわけではなく、しかたなく笑《わら》うこと。

・**うす笑《わら》い**
ばかにしたり、とまどったりして笑《わら》うこと。

・**愛《あい》そ笑《わら》い**
相手《あいて》に合《あ》わせたり、相手《あいて》のきげんを取《と》ったりするための作《つく》り笑《わら》い。

・**大笑《たいしょう》**
大声《おおごえ》をあげて笑《わら》うこと。

号《ごう》泣《きゅう》

今《いま》の映画《えいが》感動《かんどう》したね
号泣《ごうきゅう》したよ
「号泣《ごうきゅう》」の新《あたら》しい使《つか》い方《かた》だなぁ

映画館《えいがかん》で「号泣《ごうきゅう》」するとめいわくになっちゃうね。

みんなは映画館《えいがかん》で映画《えいが》を見《み》て、「号泣《ごうきゅう》」したことはあるかな。辞書《じしょ》で「号泣《ごうきゅう》」の意味《いみ》を調《しら》べてみると、「大声《おおごえ》をあげて泣《な》くこと」と書《か》かれているんだ。はげしく泣《な》くことを「号泣《ごうきゅう》」と表現《ひょうげん》する人《ひと》が多《おお》いと思《おも》うけれど、もともと「号《ごう》」には「大声《おおごえ》をあげて」という意味《いみ》があるんだ。映《えい》画館《がかん》で大声《おおごえ》をあげることなんてほとんどないよね。でも最近《さいきん》では、一部《いちぶ》の辞書《じしょ》に「はげしく泣《な》くこと」という意味《いみ》ものせるようになったよ。その意味《いみ》だったら、映画館《えいがかん》で泣《な》いてもめいわくじゃないね。

いろいろな「泣《な》き」

- **すすり泣《な》く**
  声《こえ》をおさえて鼻《はな》をすすりあげながら泣《な》くこと。
- **涙《なみだ》を流《なが》す**
  泣《な》くこと。
- **むせび泣《な》く**
  声《こえ》をのみこむようにして泣《な》くこと。
- **泣《な》きじゃくる**
  しゃくりあげて泣《な》くこと。
- **うれし泣《な》き**
  うれしさのあまり泣《な》くこと。
- **慟哭《どうこく》**
  はげしく声《こえ》をあげて泣《な》くこと。

鳥《とり》肌《はだ》が立《た》つ

かっこよくて鳥肌《とりはだ》が立《た》っちゃった
だね！超《ちょう》かっこよかった〜
鳥《とり》肌《はだ》立《た》ちまくり！
アーハハハハ
「鳥肌《とりはだ》が立《た》つ」の新《あたら》しい使《つか》い方《かた》だなぁ

気《き》分《ぶん》や感《かん》情《じょう》をあらわすことばなんだけど、あらわす感《かん》情《じょう》のはんいが広《ひろ》がったことばなんだ。

みんなはどんなときに「鳥《とり》肌《はだ》が立《た》つ」って言《い》うかな。感《かん》動《どう》したときや、興《こう》奮《ふん》したときに使《つか》う人《ひと》も多《おお》いと思《おも》う。でも、もともとは寒《さむ》すぎたり、こわすぎたり、どちらかというと好《この》ましくない気《き》分《ぶん》のときに使《つか》うことばなんだ。

実《じっ》際《さい》に、感《かん》動《どう》したり興《こう》奮《ふん》したりしたときにも鳥《とり》肌《はだ》が立《た》つことはあるけれど、本《ほん》来《らい》の意《い》味《み》とはちがう使《つか》い方《かた》なので、「誤《ご》用《よう》（あやまった使《つか》い方《かた》）」と言《い》う人《ひと》もいるんだ。だから気《き》をつけて使《つか》ったほうがいいことばなんだよ。

よくない意《い》味《み》からいい意《い》味《み》ももつように変《か》わったことば

・えぐい
のどを刺《し》激《げき》するような味《あじ》。（よくない意《い》味《み》）
↓
ひどい。ぶきみだ。（よくない意《い》味《み》）
↓
すごい。ずばぬけている。（いい意《い》味《み》）

・やばい
あぶない。ぐあいの悪《わる》いこと。（よくない意《い》味《み》）
↓
すごい。感《かん》動《どう》した。（いい意《い》味《み》）

つめあとを残《のこ》す

みんなは「つめあとを残《のこ》す」ということばにどんなイメージをもっているかな。「印象《いんしょう》づける」「成果《せいか》をあげる」といった、いい意味《いみ》で使《つか》う人《ひと》も最近《さいきん》ふえているけれど、このことばを辞書《じしょ》で調《しら》べると、「爪《つめ》でかいた傷《きず》あと」「災害《さいがい》や事件《じけん》などが残《のこ》した被害《ひがい》のあと」という意味《いみ》がのっているんだ。もともとは災害《さいがい》や大《おお》きな事件《じけん》など、よくないことのあとが残《のこ》っているという意味《いみ》で使《つか》われることばなんだ。いい意味《いみ》で使《つか》うと、変《へん》だと思《おも》う人《ひと》もいるから気《き》をつけよう。

元《もと》
通行止《つうこうどめ》
先日《せんじつ》の大雨《おおあめ》が大《おお》きなつめあとを残《のこ》したなあ
変《へん》
うぉー
新記録樹立《しんきろくじゅりつ》
大会《たいかい》につめあとを残《のこ》した

こだわる

みんなは「こだわる」ことはいいことだと思《おも》っているかな。じつは、本来《ほんらい》の「こだわる」は、「ちょっとしたことを必要《ひつよう》以上《いじょう》に気《き》にする」「そのことに気《き》持《も》ちがとらわれる」という、あまりよくない意味《いみ》のことばなんだ。それが最近《さいきん》では、「あることがらに注意《ちゅうい》を向《む》け続《つづ》けて、とことん追求《ついきゅう》する」という、いい意味《いみ》で使《つか》われることも多《おお》くなっていて、辞書《じしょ》にもその意味《いみ》がのっているんだ。でも、もともとの意味《いみ》で使《つか》うこともあるから、ことばの意味《いみ》が広《ひろ》がったということになる。「こだわること」という意味《いみ》で、「こだわり」の形《かたち》で使《つか》うことも多《おお》いよ。

元《もと》 こだわる 「どうでもいいことにこだわる」

＋

変《へん》 こだわる 「これからも、使《つか》うことばにはこだわるようにしたい」

すもう由《ゆ》来《らい》の

すもうはむかしから日本《にほん》で愛《あい》されてきたスポーツだよ。なんと一五〇〇年《ねん》以上《いじょう》の歴史《れきし》があるんだ。そのすもうで使《つか》うことばには、ふだんの生活《せいかつ》でも使《つか》われるようになったことばがたくさんあるんだ。それらをまとめて見《み》ていこう。

ふところが深《ふか》い

「ふところ」は、前《まえ》に出《だ》した両《りょう》うでと胸《むね》の間《あいだ》の空間《くうかん》のことをさすよ。ここが深《ふか》いと、相手《あいて》に自分《じぶん》のまわしを取《と》られないので、たおされにくいんだ。つまり、よゆうがあるということで、「ふところが深《ふか》い」は「心《こころ》が広《ひろ》い」ことをさすようになったんだ。

押《お》しに弱《よわ》い

相手《あいて》の意見《いけん》をすぐに受《う》け入《い》れてしまうときなどに使《つか》う表現《ひょうげん》だね。じつは、これはすもうの「押《お》し」という技《わざ》からきているんだよ。

大《おお》一《いち》番《ばん》

すもうで優勝《ゆうしょう》などがかかる大事《だいじ》な勝負《しょうぶ》をさすことばだよ。それから、ふだんの生活《せいかつ》でも大事《だいじ》な場面《ばめん》をさすことばになったんだ。

胸《むね》を借《か》りる

もともとは、力士《りきし》が格《かく》上《うえ》の相手《あいて》にけいこをつけてもらうことを言《い》うんだ。それから転《てん》じて、実力《じつりょく》のある人《ひと》に練習《れんしゅう》の相手《あいて》をしてもらうときなどに使《つか》うようになったよ。

ガチ

「ガチ」は「ガチンコ」を省略《しょうりゃく》したことばだよ。「ガチンコ」は、すもうなどで真剣勝負《しんけんしょうぶ》をさすことばなんだ。それから転《てん》じて、「ガチ」をふだんでも「本気《ほんき》で」「真剣《しんけん》に」などの意味《いみ》で使《つか》うようになったんだね。

ことば

あげ足《あし》を取《と》る

すもうだけでなく柔道《じゅうどう》にも関係《かんけい》のあることばだったんだ。技《わざ》をかけようとして上《あ》げた相手《あいて》の足《あし》を、逆《ぎゃく》に取《と》ってたおすことを言《い》ったんだ。それから、相手《あいて》が言《い》ったことのちょっとした部分《ぶぶん》をとらえてからかったり悪《わる》く言《い》ったりすることを言《い》うようになったんだ。

脇《わき》があまい

緊張感《きんちょうかん》がたらず、不《ぶ》用心《ようじん》で守《まも》りがあまいときに使《つか》われることばだね。すもうでは、脇《わき》をしめて相手《あいて》に有利《ゆうり》な体勢《たいせい》にならないようにすることが大事《だいじ》だけれど、その脇《わき》のしめ方《かた》があまいようすからきていることばだよ。

仕切《しき》り直《なお》し

「仕切《しき》り」とは、すもうで勝負《しょうぶ》がはじまる前《まえ》の立《た》ち合《あ》いのときに、地面《じめん》に両手《りょうて》をつく体勢《たいせい》のこと。「仕切《しき》り直《なお》し」とは、それをやり直《なお》すことをさすことばなんだ。それから、ものごとをいったん中止《ちゅうし》して、はじめからやり直《なお》すことを言《い》うようになったんだ。

勇《いさ》み足《あし》

相手《あいて》を土俵《どひょう》ぎわまで追《お》いつめたのに、勢《いきお》いあまって土俵《どひょう》の外《そと》に足《あし》が出《で》て、負《ま》けてしまうことを言《い》うよ。それから、勢《いきお》いに乗《の》って、やりすぎたり失敗《しっぱい》してしまったりすることをあらわすようになったよ。

序《じょ》の口《くち》

「大相撲《おおずもう》」の力士《りきし》には、横綱《よこづな》や大関《おおぜき》のような「番付表《ばんづけひょう》」と呼《よ》ばれるランキングがあり、その最初《さいしょ》が、序《じょ》の口《くち》なんだ。それから、ものごとがまだはじまったばかりの状態《じょうたい》のことをさすことばとしても、使《つか》われるようになったんだ。

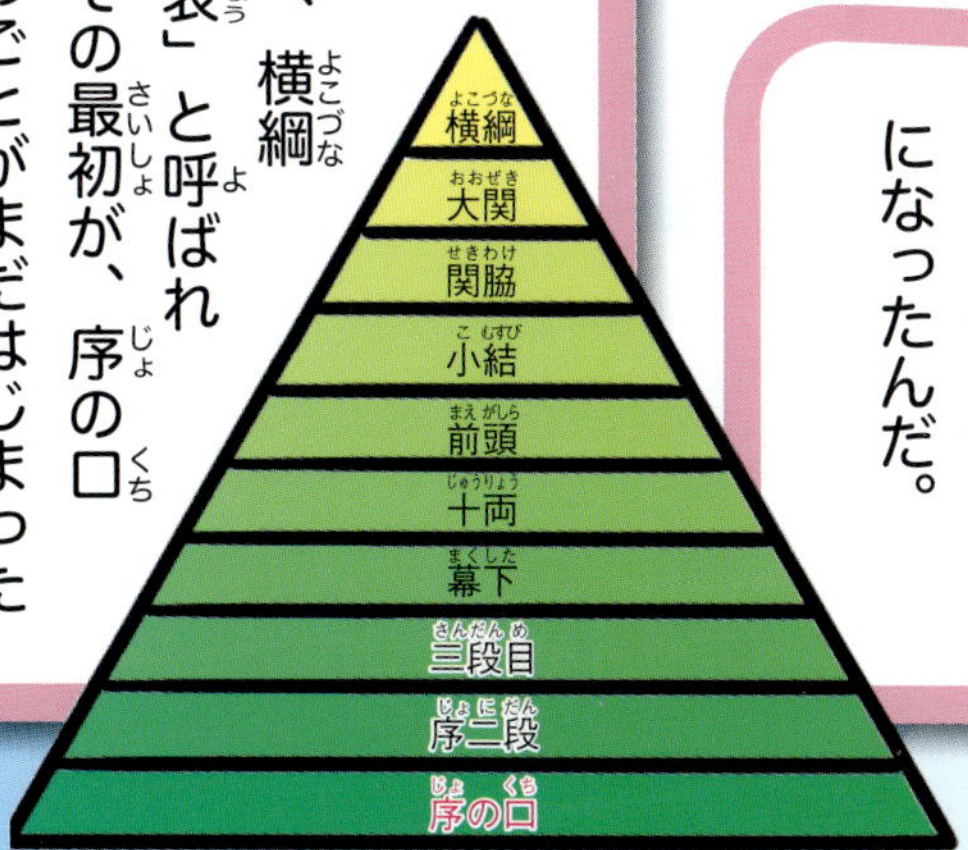
横綱《よこづな》
大関《おおぜき》
関脇《せきわけ》
小結《こむすび》
前頭《まえがしら》
十両《じゅうりょう》
幕下《まくした》
三段目《さんだんめ》
序二段《じょにだん》
序の口《じょのくち》

金星《きんぼし》

「大相撲《おおずもう》」（日本相撲協会《にほんすもうきょうかい》が主催《しゅさい》するイベント）で平幕《ひらまく》と呼《よ》ばれる力士《りきし》が、一番《いちばん》上《うえ》の階級《かいきゅう》の横綱《よこづな》をたおしたときに使《つか》われることば。それから、すもう以外《いがい》でも、格《かく》上《うえ》の相手《あいて》をたおしたときに使《つか》われるようになったんだ。

にわか

「にわか」は、漢字《かんじ》では「俄か」と書《か》くよ。下《した》の「俄然《がぜん》」と同《おな》じ漢字《かんじ》を使《つか》っているね。意味《いみ》もほぼ同《おな》じで、「急《きゅう》に」や「突然《とつぜん》」といった意味《いみ》なんだ。でも、最近《さいきん》の「にわかファン」のような使《つか》い方《かた》のときは、「急《きゅう》にファンになった人《ひと》」という意味《いみ》にもなるけれど、そのときだけの一時的《いちじてき》なファンというような、ちょっと悪《わる》く言《い》う意味《いみ》でも使《つか》われるようになったんだ。

俄然《がぜん》

「俄然《がぜん》やる気《き》が出《で》てくる」などと使《つか》うことばだね。「俄然《がぜん》」は、もともと「急《きゅう》に」や「突然《とつぜん》」という意味《いみ》なんだ。でも、最近《さいきん》では、「とても」「はっきりと」といった意味《いみ》で使《つか》われることがあるね。文化庁《ぶんかちょう》が行《おこな》っている二〇二〇年度《ねんど》の「国語《こくご》に関《かん》する世論調査《よろんちょうさ》」では、半数以上《はんすういじょう》の67パーセントの人《ひと》が、本来《ほんらい》の意味《いみ》ではない「とても」「はっきりと」の意味《いみ》だと回答《かいとう》しているよ。もともとの意味《いみ》で使《つか》わない人《ひと》のほうが多《おお》いんだね。

これは「俄然《がぜん》」が、「断然《だんぜん》」と似《に》ていることから、まぜこぜになって、「とても」「はっきりと」という「断然《だんぜん》」と同《おな》じ意味《いみ》で使《つか》う人《ひと》がふえていったと考《かんが》えられているんだ。

おもむろに

「おもむろに歩《ある》き出《だ》す」と言《い》ったら、どのように歩《ある》くことだと思《おも》う？

もともとは「ゆっくり歩《ある》き出《だ》す」という意味《いみ》だけれど、最近《さいきん》では「突然歩《とつぜんある》き出《だ》す」という意味《いみ》で使《つか》う人《ひと》もふえているんだ。「おもむろ」は、落《お》ちついてゆっくり行動《こうどう》するようすをあらわす語《ご》なんだよ。ところが、これを「突然《とつぜん》に」とか「不意《ふい》に」といった意味《いみ》だとかんちがいして使《つか》ってしまうんだね。

みんなは「徐行《じょこう》」という語《ご》を知《し》っているよね。電車《でんしゃ》や自動車《じどうしゃ》などがスピードを落《お》としてゆっくり進《すす》むことだね。「おもむろに」を漢字《かんじ》で書《か》くと「徐《じょ》に」で、「徐行《じょこう》」の「徐《じょ》」と同《おな》じ漢字《かんじ》を使《つか》っているんだ。「おもむろに」と聞《き》いたときは、「徐行《じょこう》」と同《おな》じ「ゆっくり」なんだと思《おも》うといいよ。

のほほん

みんなは「のほほんとすごす」ということばにどんなイメージがわくかな。のんびりしていて、いいなあと思《おも》う人《ひと》が多《おお》いと思《おも》う。でも、もともとこのことばは、なにもしていないことを悪《わる》く言《い》うときに使《つか》っていたんだ。最近《さいきん》では、のんびりゆっくりしていることをよく言《い》うときにも使《つか》われるようになっているんだね。

情《なさ》けは人《ひと》のためならず

「人《ひと》のためならず」はその人《ひと》のためにならないという意味《いみ》？

ユウトくんが、なにをかんちがいしているのかわかったかな。「情《なさ》けは人《ひと》のためならず」とは、「情《なさ》けを人《ひと》にかけておくと、それがよい報《むく》いとなって自《じ》分《ぶん》にもどってくる」という意味《いみ》なんだ。人《ひと》に親切《しんせつ》にすると、めぐりめぐって自分《じぶん》にもいいことがもどってくるということ。でも最近《さいきん》は、ユウトくんのように、「人《ひと》に親切《しんせつ》にすることは、結局《けっきょく》はその人《ひと》のためにならない」という意味《いみ》が正《ただ》しいと思《おも》っている人《ひと》もふえているから、気《き》をつけて使《つか》いたいね。

かんちがいしがちな慣用句《かんようく》

○ぬれ手《て》に粟《あわ》
×ぬれ手《て》に泡《あわ》
かんたんに利益《りえき》を得《え》ること。ぬれた手《て》で粟《あわ》をつかむと粟《あわ》つぶがたくさん手《て》につくことからきている。

○馬子《まご》にも衣装《いしょう》
×孫《まご》にも衣装《いしょう》
どんな人《ひと》でも身《み》なりを整《ととの》えれば立派《りっぱ》に見《み》えるということ。

○的《まと》を射《い》る
△的《まと》を得《え》る
ものごとの要点《ようてん》を的確《てきかく》におさえていること。矢《や》が的《まと》に命中《めいちゅう》することからきているので、「射《い》る」が本来《ほんらい》の言《い》い方《かた》だけれど、「得《え》る」も使《つか》われるようになってきている。

小《こ》春《はる》日《び》和《より》

いつごろのどんな気候《きこう》を「小春日和《こはるびより》」というのかな？

みんなは「小春日和《こはるびより》」と聞《き》いて、どんな気候《きこう》を思《おも》いうかべるかな。「小春《こはる》」だから「春先《はるさき》のあたたかな気候《きこう》」を思《おも》いうかべる人《ひと》が多《おお》いかもしれないね。でも、本来《ほんらい》は「秋《あき》のおわりから冬《ふゆ》のはじめごろの、春《はる》に似《に》たあたたかな気候《きこう》」という意味《いみ》なんだ。

「小春《こはる》」は陰暦《いんれき》というむかしの暦《こよみ》で10月《がつ》ごろ（今《いま》の暦《こよみ》だと11月《がつ》ごろ）のことを言《い》うんだ。そして「日和《ひより》」には「晴《は》れたよい天気《てんき》」や「空《そら》もよう」という意味《い》があるよ。「春《はる》」にだまされちゃだめだよ。

かんちがいしがちな慣用句《かんようく》

○二《に》の舞《まい》を演《えん》じる
△二《に》の舞《まい》をふむ
前《まえ》の人《ひと》と同《おな》じ失敗《しっぱい》をくり返《かえ》すこと。ただ、「二《に》の舞《まい》をふむ」もむかしから使用《しよう》されている。

・役不足《やくぶそく》
○あたえられた役割《やくわり》が小《ちい》さいこと。
×自分《じぶん》の力量《りきりょう》がたりないこと。
似《に》たことばに「力不足《ちからぶそく》」があるので、これとかんちがいしてしまう人《ひと》が多《おお》い。「力不足《ちからぶそく》」は自分《じぶん》の力量《りきりょう》がたりないという意味《いみ》。

芝居《しばい》由来《ゆらい》の

歌舞伎《かぶき》などの芝居《しばい》は、むかしの人《ひと》には身近《みぢか》なもので、とても人気《にんき》だったんだ。だから芝居《しばい》で使《つか》うことばを、人々《ひとびと》は生活《せいかつ》の中《なか》でもまねをして使《つか》うようになっていったんだね。

見切《みき》れる

もともと芝居《しばい》では、本来《ほんらい》見《み》えてはいけないものが見《み》えてしまったときにこう言《い》っていたんだ。でも今《いま》では、本来《ほんらい》見《み》えているべきものが見《み》えないときにも使《つか》っているよ。

裏方《うらかた》

芝居《しばい》で、舞台《ぶたい》には立《た》たなくて裏側《うらがわ》で働《はたら》く人《ひと》をさすよ。それから、表立《おもてだ》たず、見《み》えないところで仕事《しごと》を進《すす》める人《ひと》をさすようになったんだ。

茶番《ちゃばん》

楽屋《がくや》で、茶番《ちゃばん》（お茶《ちゃ》くみ役《やく》）と呼《よ》ばれた下級役者《かきゅうやくしゃ》が、くふうをこらした芸《げい》をして楽《たの》しんだことからはじまると言《い》われているよ。やがて短《みじか》い劇《げき》やコントをさすようになり、さらにはあまりじょうずではない、わざとらしいふるまいを言《い》うようになったんだ。

十八番《じゅうはちばん》《おはこ》

役者《やくしゃ》がもっともとくいとする芸《げい》や、芝居《しばい》をさすことばだよ。それから、ふだんの生活《せいかつ》でも、一番《いちばん》とくいなものごとをあらわすことばになったんだ。

見得《みえ》

歌舞伎《かぶき》の演技《えんぎ》の一種《いっしゅ》で、役者《やくしゃ》が動《うご》きを止《と》めて、首《くび》を回《まわ》してぐっとにらむポーズを取《と》ることを「見得《みえ》を切《き》る」と言《い》うんだ。これから、自分《じぶん》の力《ちから》を見《み》せつけるような態度《たいど》を取《と》ったり言《い》ったりすることをあらわすようになったんだよ。

ことば

板《いた》につく

「板《いた》」は舞台《ぶたい》のこと。役者《やくしゃ》が経験《けいけん》をつみ、演技《えんぎ》が舞台《ぶたい》になじむようになることをさすことばだよ。それから、仕事《しごと》に慣《な》れているようすや、服装《ふくそう》などがよく似合《にあ》っているようすをあらわすことばとしても、使《つか》われるようになったよ。

お家芸《いえげい》

おもに伝統芸能《でんとうげいのう》などで、その家《いえ》に代々伝《だいだいつた》わる独自《どくじ》の芸《げい》をさすことばだよ。それから、「その人《ひと》が一番《いちばん》とくいとすること」という意味《いみ》で使《つか》われるようになったんだ。

黒《くろ》子《こ》

黒《くろ》い衣服《いふく》とずきんのすがたで、舞台《ぶたい》の上《うえ》の役者《やくしゃ》の演技《えんぎ》を助《たす》ける人《ひと》のことを言《い》うんだ。舞台《ぶたい》の上《うえ》では、黒《くろ》は存在《そんざい》しないとされる。それから、かげで人《ひと》を支《ささ》える役目《やくめ》をする人《ひと》を「黒子《くろこ》」と呼《よ》ぶようになったんだ。

修羅場《しゅらば》

歌舞伎《かぶき》などで、はげしい戦《たたか》いを見《み》せる場面《ばめん》をさすことばだよ。「修羅《しゅら》」はもともとインド神話《しんわ》の悪神《あくじん》のことなんだ。そこから、ふだんの生活《せいかつ》でも、はげしい争《あらそ》いをするシーンをあらわすことばになったんだね。

見《み》せ場《ば》

芝居《しばい》において、役者《やくしゃ》がとくいとする芸《げい》を見《み》せる場面《ばめん》のことだよ。それから、ふだんの生活《せいかつ》でも、とくに見《み》る価値《かち》がある場面《ばめん》をさすことばとしても使《つか》われているよ。

どんでん返《がえ》し

芝居《しばい》の舞台《ぶたい》などで、床《ゆか》などを一気《いっき》に引《ひ》っくり返《かえ》して、次《つぎ》の大道具《おおどうぐ》に取《と》りかえることだよ。それから、話《はなし》の筋《すじ》や人物関係《じんぶつかんけい》が一気《いっき》に逆転《ぎゃくてん》することをあらわすことばとして使《つか》われるようになったよ。

失笑《しっしょう》する

まじめな場面《ばめん》で、思《おも》わず笑《わら》ってしまうことってあるよね。

みんなは「失笑《しっしょう》する」ということばをどんな意味《いみ》だと思《おも》っているかな。「笑《わら》いを失《うしな》うほど（笑《わら》いも出《で》ないくらい）あきれる」という意味《いみ》だと思《おも》っている人《ひと》がふえているけれど、本来《ほんらい》は「こらえきれなくて、思《おも》わず笑《わら》ってしまう」という意味《いみ》なんだ。「失」は「失《うしな》う」という意味《いみ》ではなく、「あやまって」「やりそこなって」という意味《いみ》なんだ。かんちがいして使《つか》っている人《ひと》も多《おお》いから、どちらの意味《いみ》で使《つか》っているのか、聞《き》いたときには気《き》をつけたいことばだね。

いい意味《いみ》によくない意味《いみ》が加《くわ》わったことば

・貴様《きさま》
相手《あいて》を尊敬《そんけい》したていねいな呼《よ》び方《かた》。（いい意味《いみ》）
➡相手《あいて》を見下《みくだ》した乱暴《らんぼう》な呼《よ》び方《かた》。（よくない意味《いみ》）

・うがった見方《みかた》
本質《ほんしつ》をとらえた見方《みかた》。（いい意味《いみ》）
➡うたがっているようなひねくれた見方《みかた》。（よくない意味《いみ》）

・微妙《びみょう》
おもむき深《ぶか》いこと。（いい意味《いみ》）
➡あまりよくないこと。（よくない意味《いみ》）

・煮《に》つまる
話《はな》し合《あ》いがまとまりそうになる。（いい意味《いみ》）
➡話《はな》し合《あ》いが行《い》きづまる。（よくない意味《いみ》）

せいぜい

次《つぎ》の試合《しあい》、せいぜいがんばるんだよ
え…
どうしてそんなこと言《い》うの？
え…

みんなは「せいぜいがんばって」と言《い》われたらどう感《かん》じるかな。「最大《さいだい》限《げん》の力《ちから》を出《だ》しても、それが限度《げんど》だろうけど、まあがんばって」という意味《いみ》だと考《かんが》えて、むっとする人《ひと》も多《おお》いと思《おも》う。でも本来《ほんらい》は、「できる限《かぎ》り、精一杯《せいいっぱい》がんばって」という意味《いみ》なんだ。地域《ちいき》によっては今《いま》でも、本来《ほんらい》の意味《いみ》の「できる限《かぎ》り、精一杯《せいいっぱい》」の意味《いみ》で使《つか》っているところがあるよ。

潮《しお》時《どき》

「潮時《しおどき》」ということばを知《し》っているかな。潮《しお》が引《ひ》くときをイメージして、「引《ひ》きぎわ、あきらめどき」と考《かんが》える人《ひと》がふえていることばなんだ。でも本来《ほんらい》は、「ものごとを行《おこな》うのにちょうどいいとき」という意味《いみ》だよ。潮《しお》が満《み》ちたり引《ひ》いたりするときは、なにかをするのにちょうどいいときということなんだ。正反対《せいはんたい》の意味《いみ》で使《つか》っている人《ひと》もいるから、気《き》をつけないといけないね。

元《もと》
月明《つきあ》かりで手元《てもと》が明《あか》るい
書物《しょもつ》を読《よ》む潮時《しおどき》だ
変《へん》
もうつかれたー
このへんが潮時《しおどき》だ～
勉強《べんきょう》やめてねちゃおう！

姑《こ》息《そく》

「姑《こ》息《そく》な手段《しゅだん》」という言《い》い方《かた》をよく聞《き》くよね。どういう意味《いみ》だと思《おも》うかな。「姑息《こそく》」とはもともと、「一時《いちじ》しのぎ」という意味《いみ》なんだ。「姑《こ》」はしばらく、「息《そく》」は休《やす》むという意味《いみ》で、しばらく休《やす》むことから、「一時《いちじ》しのぎ」という意味《いみ》になった語《ご》だよ。でも最近《さいきん》は「ひきょうな」という意味《いみ》で使《つか》う人《ひと》がすごく多《おお》いんだ。二〇二一年度《ねんど》の文化庁《ぶんかちょう》による「国語《こくご》に関《かん》する世論調査《よろんちょうさ》」では、73・9パーセントの人《ひと》が「ひきょうな」という意味《いみ》で使《つか》っていると答《こた》えているよ。これは、「一時《いちじ》しのぎ」することは「ひきょう」だと感《かん》じられるから、「ひきょうな」という意味《いみ》で使《つか》われていると考《かんが》えることができるんだ。このことばをだれかに対《たい》して使《つか》うときは、気《き》をつけないといけないね。

あわれ

「かわいそうな」「みじめな」ようすをあらわすことばだと思《おも》っている人《ひと》が多《おお》いかもしれないね。でも本来《ほんらい》は、なにかに心《こころ》をひかれた、喜《き》怒哀楽《どあいらく》すべての感情《かんじょう》をあらわすことばだったんだよ。最近《さいきん》の若者《わかもの》ことばの「エモい」と似《に》ているかもしれないね。

また、これと同《おな》じ時代《じだい》に使《つか》われたことばで、「あわれ」と似《に》ていることばに「をかし(おかし)」があるよ。現在《げんざい》の「おかしい」とはちがって、これも美《うつく》しかったりすばらしかったりするものにも使《つか》われていたんだ。『源氏物語《げんじものがたり》』などの古典作品《こてんさくひん》でよく使《つか》われているよ。みんなも習《なら》うと思《おも》うから、出《で》てきたときは注目《ちゅうもく》してみてね。

王《おう》道《どう》

「ミステリーの王道《おうどう》を行《い》く作品《さくひん》」という言《い》い方《かた》を聞《き》いたことがあるかな。「王《おう》道《どう》」は、「正《ただ》しい道《みち》」や「正当《せいとう》な方法《ほうほう》」という意味《いみ》だよ。この場合《ばあい》は本格的《ほんかくてき》なミステリーという意味《いみ》なんだ。もともと儒《じゅ》教《きょう》（古代中国《こだいちゅうごく》の孔子《こうし》がとなえた教《おし》え）のことばで正《ただ》しい政治《せいじ》のことを言《い》ったんだ。それから広《ひろ》く「正《ただ》しい道《みち》」という意《い》味《み》で使《つか》われるようになったんだね。

そしてさらに転《てん》じて、「近道《ちかみち》」や「楽《らく》をする方法《ほうほう》」という意味《いみ》でも使《つか》われるようになったんだ。「学問《がくもん》に王道《おうどう》はなし」って言《い》うんだけど、学問《がくもん》をすることに近道《ちかみち》や楽《らく》な方法《ほうほう》はないってことなんだ。

すばらしい

みんな「とてもよくて感心《かんしん》する」という意味《いみ》のことばだと思《おも》っているよね。でも本来《ほんらい》は「ひどい」「あきれる」といった、よくない意味《いみ》でも使《つか》われていたんだ。

「すばらしい」はものごとの程度《ていど》がはなはだしいさまを言《い》うことばで、いい意味《いみ》にも悪《わる》い意味《いみ》にも使《つか》われていたんだ。だから、「天気《てんき》がすばらしく悪《わる》くなる」などとも使《つか》われていたんだよ。でもいつの間《ま》にか、いい意味《いみ》でしか使《つか》われなくなったんだ。おもしろいね。

ところで「その服《ふく》すてきだね」って言《い》うでしょ。この「すてき」は「すばらしい」の「す」に、そのようすという意味《いみ》の「てき（的）」がついた語《ご》だと考《かんが》えられているんだ。江戸時代《えどじだい》の流行語《りゅうこうご》だったんだよ。

元《もと》
今日《きょう》はすばらしく暑《あつ》い
変《へん》
この作品《さくひん》は
すばらしいできだ

宗教《しゅう》《きょう》由《ゆ》来《らい》の

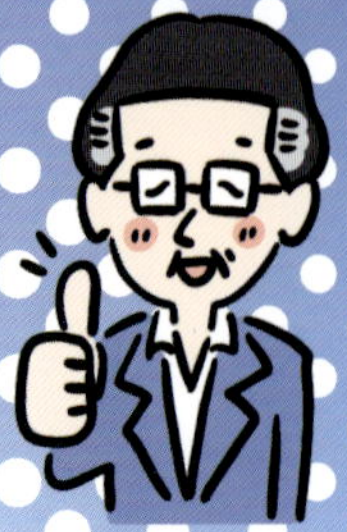

宗教《しゅうきょう》で使《つか》われたことばが、ふだんの生活《せいかつ》の中《なか》でもたくさん使《つか》われているよ。宗教《しゅうきょう》は大《おお》むかしから人々《ひとびと》の生活《せいかつ》とともにあったからだね。もちろんそうしたことばは、意味《いみ》や使《つか》い方《かた》がさまざまに変化《へんか》しながら使《つか》われるようになっていったんだ。

出世《しゅっせ》

地位《ちい》が上《あ》がるときなどに使《つか》われていることばだね。でも仏教《ぶっきょう》では、仏《ほとけ》が民《たみ》を救《すく》うために現世《げんせ》にあらわれることや、出家《しゅっけ》して仏道《ぶつどう》に入《はい》るときに使《つか》われていることばだよ。

転生《てんせい》《てんしょう》

仏教《ぶっきょう》から生《う》まれたことばで、生《う》まれ変《か》わることを意味《いみ》するよ。それから、環境《かんきょう》や生活《せいかつ》を一変《いっぺん》させるという意味《いみ》でも使《つか》われているんだ。ちなみに、仏教《ぶっきょう》では「てんしょう」と読《よ》むんだよ。

利益《りえき》《りやく》

同《おな》じ漢字《かんじ》で「りやく」と読《よ》むと神様《かみさま》や仏様《ほとけさま》が人々《ひとびと》にあたえてくれるめぐみのことを言《い》うんだ。これから、現在《げんざい》広《ひろ》く使《つか》われている「りえき」ということばに変《か》わっていったんだね。

大《おお》げさ

「げさ（けさ）」はお坊《ぼう》さんが着《き》る衣服《いふく》のことだよ。それが大《おお》きいということで、ものごとを実際《じっさい》よりも大変《たいへん》なように言《い》ったりしたりすることをいうようになったんだ。

ことば

めちゃ

「めちゃきれい」のように、なにかを強調《きょうちょう》するときに使《つか》っていることばだね。これはでたらめなことをするという意味《いみ》の「めちゃくちゃ」のことだよ。「めちゃ」は「むちゃ」の変化《へんか》した語《ご》で、仏教語《ぶっきょうご》で自然《しぜん》のままという意味《いみ》の「無作《むさ》」からきていると言《い》われているんだ。

無作《むさ》 → 無茶苦茶《むちゃくちゃ》 → 滅茶苦茶《めちゃくちゃ》 → めちゃ

せまき門《もん》

キリスト教《きょう》の『新約《しんやく》聖書《せいしょ》』にあることばで、天国《てんごく》にいたるまでの道《みち》はとてもけわしいという意味《いみ》なんだ。これから、入学試験《にゅうがくしけん》に合格《ごうかく》することや会社《かいしゃ》に採用《さいよう》されることがむずかしいという意味《いみ》でも使《つか》われるようになったんだよ。

豚《ぶた》に真珠《しんじゅ》

キリスト教《きょう》の『新約聖書《しんやくせいしょ》』からきたことばだよ。貴重《きちょう》なものであっても、価値《かち》のわからないものにはなんの役《やく》にも立《た》たないということをたとえているんだ。ふだんの生活《せいかつ》で似《に》た意味《いみ》のことばも多《おお》いよ。

「豚《ぶた》に真珠《しんじゅ》」と意味《いみ》が近《ちか》いことば

・猫《ねこ》に小判《こばん》

貴重《きちょう》なものを、価値《かち》がわからないものにあたえても意味《いみ》がない。

・馬《うま》の耳《みみ》に念仏《ねんぶつ》

どんなにありがたい教《おし》えや忠告《ちゅうこく》も、相手《あいて》が聞《き》く耳《みみ》をもたなければ意味《いみ》がない。

降臨《こうりん》

ネットのゲームなどで使《つか》われるのをよく聞《き》くね。もともと神様《かみさま》や仏様《ほとけさま》などの特別《とくべつ》な存在《そんざい》が、天《てん》から地上《ちじょう》におりてくるという意味《いみ》なんだ。それがゲームなどで特別《とくべつ》なキャラが登場《とうじょう》することをあらわすようになったんだね。

すずしい顔《かお》

みんなが「すずしい顔《かお》をする」のはどんなときかな。二〇二二年度《ねんど》の文化庁《ぶんかちょう》による「国語《こくご》に関《かん》する世論調《よろんちょう》査《さ》」では、約《やく》60パーセントの人《ひと》が、このことばの意味《いみ》を「大変《たいへん》な状況《じょうきょう》でも平気《へいき》そうにする」と答《こた》えたんだよ。でも、本来《ほんらい》の意味《いみ》は、「関係《かんけい》があるのに知《し》らんぷりする」という意味《いみ》なんだ。この場合《ばあい》の「すずしい」は、平然《へいぜん》とすましているという意味《いみ》なんだ。このことばも、元《もと》の意味《いみ》で使《つか》う人《ひと》が少《すく》なくなってきていることばなんだよ。相手《あいて》がどちらの意味《いみ》で使《つか》っているのか、判断《はんだん》するのがむずかしいことばだね。

敷居《しきい》が高《たか》い

みんなは「敷居《しきい》が高《たか》い」ってことばを知《し》っているかな。「敷居《しきい》」って部屋《へや》の入《い》り口《ぐち》にある、戸《と》やふすまを動《うご》かすためのみぞのある横木《よこぎ》のことを言《い》うんだよ。この部分《ぶぶん》が高《たか》くなっていると考《かんが》えて、「敷居《しきい》が高《たか》い」を「高級《こうきゅう》すぎたり、上品《じょうひん》すぎたりして入《はい》りにくい」という意味《いみ》で使《つか》う人《ひと》がいるんだ。でも本来《ほんらい》は、「ある人《ひと》に不義理《ふぎり》（人《ひと》として正《ただ》しくないこと。つき合《あ》いの悪《わる》いこと）などをしてしまい、合《あ》わせる顔《かお》がないからその人《ひと》の家《いえ》に行《い》きにくい」という意味《いみ》なんだ。今《いま》はこの「不義理《ふぎり》」や「合《あ》わせる顔《かお》がない」という部分《ぶぶん》がぬけ落《お》ちて、変化《へんか》した意味《いみ》のほうで使《つか》うことが多《おお》くなっているということなんだね。そのため、辞書《じしょ》によっては、新《あたら》しい意味《いみ》をのせているものもふえてきたんだ。

課金《かきん》する

「ゲームに課金《かきん》しすぎちゃって、今月《こんげつ》はもうおこづかいがないよ」なんて言《い》い方《かた》をしていないかな。このような使《つか》い方《かた》は、本来《ほんらい》の意味《いみ》での使《つか》い方《かた》ではないんだ。「課金《かきん》する」は、お金《かね》を払《はら》わせるほうが使《つか》うことばなんだよ。「お金《かね》の支払《しはら》いを課《か》す（させる）」ということだね。だから、ほんとうは「ゲームで課金《かきん》されすぎちゃって」と言《い》うべきなんだ。でも最近《さいきん》は、大勢《おおぜい》の人《ひと》が変化《へんか》したほうの意味《いみ》で使《つか》っているので、この使《つか》い方《かた》も認《みと》められつつあるんだ。

似《に》たことばに「募金《ぼきん》」があるよ。これも募金《ぼきん》するほうと募金《ぼきん》してもらうほうが逆《ぎゃく》になって使《つか》われることがあるんだ。

あせる

みんなは、どんなときに「あせる」ということばを使《つか》っているかな。「さいふを忘《わす》れてあせる」のように、突然《とつぜん》起《お》きたことにひどくあわてるときとかに使《つか》われるね。でも「あせる」の本来《ほんらい》の意味《いみ》は、少《すこ》しちがうんだ。思《おも》い通《どお》りにものごとが進《すす》まないので、気《き》がせいて落《お》ちつかなくなるという意味《いみ》なんだよ。

元
残《のこ》りの時間《じかん》が少《すく》ないのに、終《お》わってなくてあせる
変
つまずきそうになってあせる

1章《しょう》「意味変《いみへん》することば」のおさらい

1章《しょう》「意味変《いみへん》することば」をふり返《かえ》って、下《した》のクイズに挑戦《ちょうせん》してみよう。1章《しょう》の中《なか》で紹介《しょうかい》した内容《ないよう》だよ。みんなは正解《せいかい》できるかな。

次《つぎ》のことばの「もともとの意味《いみ》」を選《えら》ぼう！

1 潮時《しおどき》
ア 引《ひ》きぎわ
イ ちょうどよいとき

2 おもむろに
ア 突然《とつぜん》
イ ゆっくり

3 号泣《ごうきゅう》
ア 大声《おおごえ》をあげて泣《な》くこと
イ はげしく泣《な》くこと

4 すずしい顔《かお》
ア 関係《かんけい》があるのに知《し》らんぷりをする
イ 大変《たいへん》な状況《じょうきょう》でも平気《へいき》そうにする

答《こた》え
1 イ
2 イ
3 ア
4 ア

2章《しょう》 思《おも》いこみ変《へん》することば

口《くち》数《かず》がへらない？

まちがったのはナナオさんなのに口数《くちかず》がへらないんだ！
う〜ん
こまっちゃうよね！
「口《くち》がへらない」と言《い》いたいのかな…？

思《おも》いこみ変《へん》することばのスタートは「口《くち》がへらない」だよ。

「口数《くちかず》がへらない」のなにが“思《おも》いこみ”なんだろう、どこもまちがっていないよと思《おも》った人《ひと》もいるかもしれないね。このことばは、**「口《くち》がへらない」**が正《ただ》しいんだよ。「へる」には「数《かず》が少《すく》なくなる」という意味《いみ》だけでなく、「気《き》おくれする」「ひるむ」という意味《いみ》もあるんだ。「口《くち》がへらない」の「へらない」はその意味《いみ》なんだ。「ない」だから「気《き》おくれしない」「ひるまない」という意味《いみ》だね。「口《くち》」つまり言《い》うことに気《き》おくれしないということだから、理屈《りくつ》を並《なら》べて言《い》い返《かえ》したり、勝手《かって》なことをえんりょなく言《い》ったりするという意味《いみ》になるんだ。「口数《くちかず》がへる」だと、「しゃべらなくなる」という意味《いみ》になるよ。

体《からだ》の部位《ぶい》が入《はい》った思《おも》いこみ変《へん》することば

△お目《め》にかなう
○お眼鏡《めがね》にかなう

もともと「眼鏡《めがね》の度《ど》が合《あ》う」ことをあらわしたことばで、「目上《めうえ》の人《ひと》に評価《ひょうか》される」という意味《いみ》なので、「お目《め》」は本来《ほんらい》のことばではないけれど、最近《さいきん》では「お目《め》」を使《つか》う人《ひと》もふえてきているね。

明《あか》るみになる？

「**明《あか》るみに出《で》る**」が正《ただ》しい使《つか》い方《かた》だよ。

ある秘密《ひみつ》が、みんなが知《し》ることになるなど、広《ひろ》く知《し》られるようになるときに使《つか》われることばだね。この「明《あか》るみ」は「明《あか》るい」に「み」がついたもので、「明《あか》るいところ」や「公《おおやけ》の場所《ばしょ》」という意味《いみ》のことばだよ。秘《ひ》密《みつ》などが「公《おおやけ》の場所《ばしょ》に出《で》て」みんなに知《し》られるということで「明《あか》るみに出《で》る」なんだね。これを「明《あか》るみになる」と言《い》うと、どういう意味《いみ》かわからなくなっちゃうね。「明《あき》らかになる」という言《い》い方《かた》があるので、それとかんちがいしたのかもしれない。「明《あか》るみになる」だと意味《いみ》が正《ただ》しく伝《つた》わらないから、みんなは「明《あか》るみに出《で》る」を使《つか》うようにしようね。

取《と》りつくひまもない？

「**取《と》りつくしまもない**」が正《ただ》しい言《い》い方《かた》なんだよ。「とりつくしま」なんて変《へん》なことばだね。漢字《かんじ》で「取り付く島」と書《か》くんだよ。たよりにするところ、すがるところという意味《いみ》なんだ。「島《しま》」はこの場合《ばあい》、手《て》がかり、たよりになるものごとという意味《いみ》なんだよ。海《うみ》に浮《う》かぶ「島《しま》」は、船乗《ふなの》りにとってはとてもたよりになるからだろうね。それが「ない」だから、たよりにできるところがないという意味《いみ》になるんだね。

この「しま（島《しま》）」を「ひま（暇）」だと思《おも》っている人《ひと》がいるんだ。「しま」と「ひま」だから発音《はつおん》がちがうんだけどね。もともとの意味《いみ》を知《し》っていればまちがえることはないね。

いなずま？

「**いなずま**」と書《か》くことが多《おお》いけれど、「**いなづま**」が本来《ほんらい》のかな表記《ひょうき》だったんだ。漢字《かんじ》で書《か》くと「稲妻」だよ。稲《いね》が実《みの》る時期《じき》に雷《かみなり》がたくさん起《お》こるので、「稲妻」と書《か》くんだ。「妻《つま》」はむかしの人《ひと》が夫婦《ふうふ》や恋人同士《こいびとどうし》などを呼《よ》ぶときに使《つか》っていたことばだよ。稲《いね》にとって雷《かみなり》は「妻《つま》」、つまり夫婦《ふうふ》や恋人《こいびと》のように深《ふか》い関係《かんけい》にあるものという意味《いみ》なんだね。国語辞典《こくごじてん》では「いなずま」で引《ひ》くようになっているんだけど、このことばの成《な》り立《た》ちがわかる「いなづま」と書《か》くことも認《みと》められているよ。

まつわりつく？

ひょっとすると、「あれ？　わたしは『まとわりつく』って言《い》っているよ」という人《ひと》がいるかもしれないね。「**まとわりつく**」と「**まつわりつく**」はどちらも使《つか》われているんだ。「からみついてはなれない」「いつもそばにいてはなれない」といった意味《いみ》のことばだね。「子犬《こいぬ》が親犬《おやいぬ》にまとわりつく（まつわりつく）」「ぬれたスカートのすそが足《あし》にまとわりつく（まつわりつく）」などと使《つか》うよ。「まとわり」は「まとわる」、「まつわり」は「まつわる」という動詞《どうし》（の連用形《れんようけい》）から生《う》まれた語《ご》なんだけれど、むかしから両方《りょうほう》とも使《つか》われていて、はっきりとしたちがいはわからないんだ。ただ、今《いま》は「まとわりつく」と言《い》う人《ひと》のほうが多《おお》いかもしれないね。わたしは「まとわりつく」と言《い》っているな。

ぎごちない?

みんなは「ぎごちない」ということばを見《み》て、「『ぎこちない』じゃないかな?」って思《おも》うかもしれないね。じつは、「**ぎごちない**」も「**ぎこちない**」もどちらでも大丈《だいじょう》夫《ぶ》なんだ。ただ、「ぎごちない」「ぎこちない」のどちらが先《さき》に生《う》まれたのかはっきりとはわかっていないよ。このことばは「無愛想《ぶあいそう》で荒《あら》っぽい」という意味《いみ》の「ぎこつない(ぎごつない)」から変化《へんか》したと言《い》われているのだけれど、この「ぎこつ(ぎごつ)」の由来《ゆらい》もわかっていないんだ。だから、「ぎごちない」を使《つか》っても、「ぎこちない」を使《つか》っても、どちらもまちがいではないんだよ。今《いま》は、「ぎこちない」と言《い》う人《ひと》のほうが多《おお》いようだけどね。

舌《した》づつみを打《う》つ?

おいしいものを食《た》べたとき「**舌《した》つづみを打《う》つ**」と言《い》うよ。「舌《した》づつみ」じゃなく「舌《した》つづみ」なんだ。漢字《かんじ》で書《か》くと「舌《した》鼓」。おいしいものを飲《の》んだり食《た》べたりしたときに鳴《な》らす舌《した》の音《おと》という意味《いみ》だよ。でもこれを「舌《した》づつみ」という人《ひと》がけっこういるんだ。「こづつみ(小包)」などのように、「―づつみ」ということばからの連想《れんそう》か、「舌《した》づつみ」のほうが言《い》いやすいからなんだろうね。舌《した》でつつむわけじゃないんだけど。最近《さいきん》の国語辞典《こくごじてん》は「舌《した》づつみ」を認《みと》めるものもふえているよ。

○おいしくて舌《した》を鳴《な》らすようす

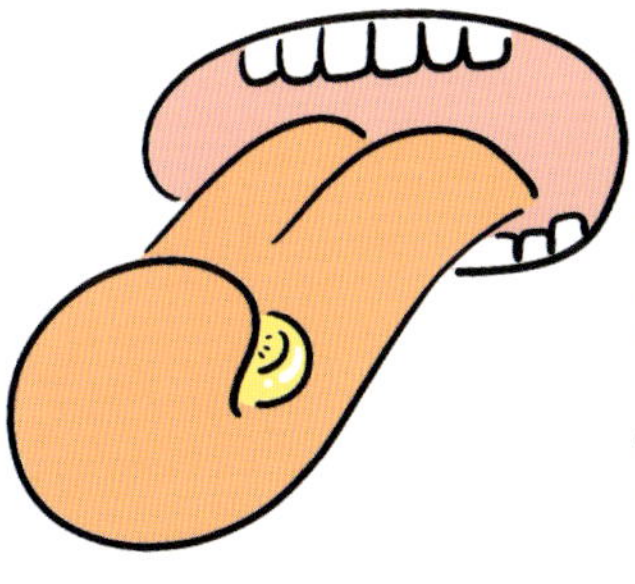

×ほんとうは舌《した》でつつむわけじゃない

四《よ》字《じ》熟《じゅく》語《ご》の

日本《にほん》にはいろいろな四《よ》字《じ》熟《じゅく》語《ご》があるよね。みんなはどんな四《よ》字《じ》熟《じゅく》語《ご》を知《し》っているかな。四《よ》字《じ》熟《じゅく》語《ご》は4つの漢《かん》字《じ》で成《な》り立《た》っているから、漢《かん》字《じ》をかなりまちがえやすいんだ。しっかり意《い》味《み》を理《り》解《かい》すると、まちがわずにおぼえられるよ。

絶《ぜっ》対《たい》絶《ぜつ》命《めい》？

のがれようのない、せっぱつまった場《ば》面《めん》や立《たち》場《ば》にあることを言《い》うよ。「**絶体絶命**」が正《ただ》しい漢《かん》字《じ》なんだ。このことばは占《うらな》いからきていて、「絶《ぜっ》体《たい》」は体《からだ》の限《げん》界《かい》、「絶《ぜつ》命《めい》」は命《いのち》の限《げん》界《かい》ということだよ。この「絶《ぜっ》体《たい》」を、どうしても「絶《ぜっ》対《たい》」だと思《おも》いといった意《い》味《み》の「絶対」だと思いこんでいる人《ひと》が多《おお》いんだ。

五《ご》里《り》夢《む》中《ちゅう》？

むかし中《ちゅう》国《ごく》に、5里《り》（当《とう》時《じ》の1里《り》は約《やく》400メートル）にわたる霧《きり》を起《お》こす術《じゅつ》を使《つか》う人《ひと》がいたんだ。霧《きり》の中《なか》では方《ほう》角《がく》がわからなくなるでしょ。そのため、「**五里霧中**《ごりむちゅう》」はものごとの状《じょう》況《きょう》がわからなくてどうしていいかわからなくなることを言《い》うようになったんだ。「霧《きり》の中《なか》」だから、「霧《む》中《ちゅう》」なんだよ。

危《き》機《き》一《いっ》発《ぱつ》？

「一髪《いっぱつ》」が正《ただ》しい漢《かん》字《じ》なんだ。「一髪《いっぱつ》」の「髪《ぱつ》」は髪《かみ》の毛《け》のことだけれど、一本《いっぽん》の髪《かみ》の毛《け》をはさむほどのわずかなゆとりしかないということで、ひじょうに差《さ》しせまっているという意《い》味《み》なんだ。これから、「**危機一髪**《ききいっぱつ》」は髪《かみ》の毛《け》一本《いっぽん》ほどの差《さ》で、危《き》険《けん》か安《あん》全《ぜん》かが分《わ》かれるようなぎりぎりの状《じょう》態《たい》にあるという意《い》味《み》になったんだよ。

正《しょう》真《しん》証《しょう》明《めい》？

うそやインチキではなく、本《ほん》物《もの》であることを「**正真正**《しょうしんしょう》**銘**《めい》」と言《い》うんだ。これを、証《しょう》拠《こ》をあげて明《あき》らかにするという意《い》味《み》だと思《おも》って、「正銘」を同《おな》じ読《よ》みの「証明」と書《か》きたくなるかもしれないけれど、「正真正銘《しょうしんしょうめい》」が正《ただ》しいんだよ。

心《しん》気《き》一《いっ》転《てん》？

あるきっかけで、気《き》持《も》ちがすっかり変《か》わることだけれど、「**心機一転**《しんきいってん》」と書《か》くよ。「心機《しんき》」は心《こころ》の動《うご》きや働《はたら》きという意《い》味《み》だよ。同《おな》じ「しんき」と読《よ》む「心気」も、気《き》持《も》ち、気《き》分《ぶん》という意《い》味《み》だけれど、この場《ば》合《あい》は「心機《しんき》」が正《ただ》しいんだ。

温《おん》古《こ》知《ち》新《しん》？

この四《よ》字《じ》熟《じゅく》語《ご》は、古《こ》代《だい》中《ちゅう》国《ごく》の孔《こう》子《し》のことばを集《あつ》めた『論《ろん》語《ご》』の「故《ふる》きを温《たず》ねて、新《あたら》しきを知《し》る」ということばからきているんだ。『論《ろん》語《ご》』では、「古《こ》」ではなく「故《こ》」となっているから「**温**《おん》**故知新**《こちしん》」と書《か》くのが正《ただ》しいんだ。むかしのことを研《けん》究《きゅう》して、新《あたら》しい知《ち》識《しき》や道《どう》理《り》を見《み》つけ出《だ》すという意《い》味《み》だよ。

思いこみことば

意《い》心《しん》伝《でん》心《しん》？

もともと禅宗《ぜんしゅう》（仏教《ぶっきょう》の宗派《しゅうは》のひとつ）で使《つか》われたことばだよ。ことばではあらわせない真《しん》理《り》を、心《こころ》を以《もっ》て心《こころ》に伝《つた》えること、という意味《いみ》なんだ。「心《こころ》を以《もっ》て」だから、「意心《いしん》」ではなく「**以心伝心**《いしんでんしん》」と書《か》くのが正《ただ》しいんだよ。これから、無言《むごん》でも心《こころ》が通《つう》じ合《あ》うことという意味《いみ》でも使《つか》われるようになったんだ。

興《きょう》味《み》深《しん》々《しん》？

「津々《しんしん》」が正解《せいかい》なんだ。「津」という漢字《かんじ》は「つ」と読《よ》むけれど、「シン」とも読《よ》むんだ。「津々《しんしん》」は、絶《た》えずにわき出《で》ることという意味《み》だよ。つまり、「**興味津々**《きょうみしんしん》」は、絶《た》えず興味《きょうみ》がわき出《で》ることという意味《いみ》なんだね。

異《い》句《く》同《どう》音《おん》？

多《おお》くの人《ひと》が同《おな》じことを言《い》うという意味《いみ》だよ。「**異口同音**《いくどうおん》」と書《か》くのが正《ただ》しいんだ。「異口《いく》」は多《おお》くの人《ひと》の口《くち》のことで、「同音《どうおん》」は声《こえ》をそろえて言《い》うことなんだ。これから、多《おお》くの人《ひと》の意見《いけん》が一致《いっち》することって意味《いみ》になったんだ。

A《エー》だね
A《エー》
A《エー》だよね
A《エー》
A《エー》
A《エー》だよ

意《い》味《み》深《しん》重《ちょう》？

ある表現《ひょうげん》の内容《ないよう》が深《ふか》いこと、また、別《べつ》の意味《いみ》がかくされていることをいう四字熟語《よじじゅくご》だよ。これは、「**意味深長**《いみしんちょう》」と書《か》くのが正《ただ》しいんだ。「深長《しんちょう》」は、意味《いみ》するところの奥《おく》が深《ふか》く、そこに含《ふく》まれているものも多《おお》いという意味《いみ》だよ。

短《たん》刀《とう》直《ちょく》入《にゅう》？

単刀直入《たんとうちょくにゅう》とはこのことなり～
イザ！
ウォォォォォ

前置《まえお》きをぬきにして、すぐに要点《ようてん》に入《はい》ることなどをいう四字熟語《よじじゅくご》だよ。「**単刀直入**《たんとうちょくにゅう》」と書《か》くのが正《ただ》しいんだ。「たんとう」は「短刀」って書《か》きたくなっちゃうけれど、「単刀」と書《か》くんだ。ひとりで刀《かたな》をもって敵陣《てきじん》に切《き》りこむって意味《いみ》だよ。「ひとり」だから「単《たん》」なんだね。

一《いっ》身《しん》同《どう》体《たい》？

「**一心同体**《いっしんどうたい》」と書《か》くのが正解《せいかい》だよ。複数《ふくすう》の人《ひと》が心《こころ》をひとつにして、ひとりの人間《にんげん》のように結《むす》びつくという意味《いみ》。「ひとりの体《からだ》」という意味《いみ》の「一身《いっしん》」ということばもあるけれど、この場合《ばあい》は「身《しん》（体《からだ》）」ではなく「心《こころ》」をひとつにするってことなんだね。

熟《じゅく》語《ご》の

思《おも》いこみによって読《よ》みが変化《へんか》した熟《じゅく》語《ご》や、熟語《じゅくご》そのものが変化《へんか》したことばを集《あつ》めてみたよ。どうしてそのような変化《へんか》が起《お》きたのか見《み》ていこう。

一《いち》《ひと》段《だん》《だん》落《らく》《らく》

「段落《だんらく》」とは文章《ぶんしょう》のかたまりのことだよ。日本《にほん》で使《つか》われる漢字《かんじ》の発音《はつおん》には、「音《おん》（中国《ちゅうごく》から入《はい》ってきた発《はつ》音《おん》）」と「訓《くん》（漢字《かんじ》の意味《いみ》に合《あ》わせてあてた日本《にほん》での読《よ》み）」とがあるんだけど、「段落」は「だんらく」と、どちらも「音《おん》」で読《よ》んでいて、このような場合《ばあい》「一」をつけても、すべて「音《おん》」で読《よ》むことのほうが多《おお》いんだ。だから「一段落」も「いちだんらく」なんだね。「一段落《いちだんらく》」は、ものごとのひとつの区切《くぎ》りのこともいうよ。ただ、「一安心《ひとあんしん》」「一苦労《ひとくろう》」などのように、「音《おん》」で読《よ》む語《ご》の前《まえ》につける「一」を「ひと」と読《よ》むこともあるんだ。そのため「ひとだんらく」と読《よ》む人《ひと》もふえているんだよ。

上《じょう》《じょう》意《い》《い》下《か》《げ》達《たつ》《だつ》

「上《うえ》の者《もの》の考《かんが》えを下《した》の者《もの》に伝《つた》える」という意味《いみ》だよ。「下」は、「上下」などのように「げ」と読《よ》むことが多《おお》いけれど、「上意下達」の「下」は「か」と読《よ》むんだ。むかしからそのように読《よ》まれてきたんだ。「上巻《じょうかん》」「下巻《げかん》」のように「じょう」と「げ」で読《よ》む例《れい》が多《おお》いから、思《おも》いこみしやすいのかもしれないけれど、気《き》をつけようね。

早《さっ》《そう》急《きゅう》《きゅう》

「さっきゅう」が、もともとの読《よ》み方《かた》だよ。「早」は「そう」とも「さっ」とも読《よ》むんだけど、「早急」はむかしから「さっきゅう」って読《よ》まれてきたんだ。でも、「そうきゅう」と読《よ》むのはまちがいではないし、そう読《よ》む人《ひと》もふえてきているので、辞書《じしょ》にも「そうきゅう」がのっているよ。

他《ひ》《た》人《と》《にん》事《ごと》《ごと》

漢字《かんじ》をそのまま読《よ》むと「たにんごと」だね。でも、「ひとごと」がもともとの読《よ》み方《かた》なんだ。「自分《じぶん》には関係《かんけい》のないこと」という意味《いみ》だよ。「ひとごと」は、むかしは「人事」「人ごと」と書《か》かれていたんだけど、のちに「ひと」を「他人」と書《か》く「他人事」も使《つか》われるようになったんだ。「ひとごと」がもともとの読《よ》みだけれど、「たにんごと」と読《よ》んでも、今《いま》ではまちがいではないんだ。

思いこみことば

一世一代《いっせいちだい》《いっせいいちだい》

一生《いっしょう》に一度《いちど》だけのことという意味《いみ》だよ。「一世《いっせい》」も「一代《いちだい》」も、人《ひと》の一生《いっしょう》という意味《いみ》なんだけど、「一《いっ》世《せ》一代《いちだい》」は、むかしから「一生《いっしょう》のうち、ただ一度《いちど》であること」という意味《いみ》で使《つか》われてきたんだ。「一世」は「いっせい」とも読《よ》めるし、「いっせいちだい」よりも「いっせいいちだい」のほうが言《い》いやすいから、「いっせいいちだい」と言《い》う人《ひと》が多《おお》いんだね。でも「いっせいちだい」がもともとの言《い》い方《かた》なんだ。

大地震《おおじしん》《だいじしん》

ゆれがはげしくて、被《ひ》害《がい》が大《おお》きい地震《じしん》のことだね。地震学《じしんがく》では、マグニチュード7以上《いじょう》の地震《じしん》のことをさすよ。NHK《エヌエッチケイ》などでは「おおじしん」と言《い》っているけれど、むかしから「おおじしん」「だいじしん」どちらも使《つか》われてきたんだ。

順風満帆《じゅんぷうまんぱん》

ものごとが順《じゅん》調《ちょう》に進《すす》むことという意味《いみ》だよ。「順風《じゅんぷう》」は進行方向《しんこうほうこう》に吹《ふ》く風《かぜ》、つまり、追《お》い風《かぜ》のことで、「満帆《まんぱん》」は帆《ほ》を最大限《さいだいげん》に広《ひろ》げることだよ。「帆」は「ほ」とも読《よ》むから、「じゅんぷうまんぽ」だと思《おも》いこんでいる人《ひと》も多《おお》いけれど、「じゅんぷうまんぱん」と読《よ》むんだ。

飯盒炊爨《はんごうすいさん》・飯盒炊飯《はんごうすいはん》

「はんごう」はキャンプなどで、ご飯《はん》をたく道具《どうぐ》のことだよ。はんごうを使《つか》って料理《りょうり》をすることを「飯盒炊《はんごうすい》爨《さん》」っていうんだ。「爨《さん》」ってむずかしい漢字《かんじ》だね。「ごはんを炊《た》く」という意味《いみ》の漢字《かんじ》だよ。「炊爨《すいさん》」は「ごはんを炊《た》く」という意味《いみ》なんだけど、なにしろ書《か》くのも大《たい》変《へん》な漢字《かんじ》だから、最近《さいきん》は、やはり「お米《こめ》を炊《た》く」という意味《いみ》の似《に》たようなことば「炊飯《すいはん》」を使《つか》う人《ひと》がいるんだ。「はんごうすいさん」「はんごうすいはん」、そっくりだね。ただ、「飯盒炊飯《はんごうすいはん》」はまちがいとは言《い》えないけれど、「飯《はん》盒炊爨《ごうすいさん》」がもともとの言《い》い方《かた》なんだよ。

職人気質《しょくにんかたぎ》

がんこに見《み》えるけれど仕事《しごと》にほこりをもち、気《き》に入《い》った仕事《しごと》は、損得《そんとく》を気《き》にせず引《ひ》き受《う》けるような性質《せいしつ》のことだよ。「気質」という漢字《かんじ》は「きしつ」と読《よ》むんだけど、この場合《ばあい》は「かたぎ」とも読《よ》むんだ。「かたぎ」は、むかしは「武士気質《ぶしかたぎ》」「江戸《えど》っ子気質《こかたぎ》」などいろいろな語《ご》につけて、それらしい性質《せいしつ》という意味《いみ》で使《つか》われたんだよ。

カタカナ語《ご》の

日本語《にほんご》には、おもに外国《がいこく》からきたことばをカタカナであらわす、カタカナ語《ご》もたくさんあるね。このカタカナ語《ご》にも、思《おも》いこみで元《もと》とはちがう言《い》い方《かた》をしているものが多《おお》いんだよ。

シュミレーション？

「**シミュレーション**」が正《ただ》しいんだ。「シュミ（趣味《しゅみ》）じゃないほうが正《ただ》しい」とおぼえるといいかもね。日本語《にほんご》には「シミュ」と発音《はつおん》することばがないため、「シュミレーション」と言《い》ってしまうという説《せつ》があるんだ。

コミニュケーション？

「**コミュニケーション**」が正《ただ》しいんだ。これも日本語《にほんご》には「コミュ」と発《はつ》音《おん》する語《ご》がほとんどないから、「コミニュケーション」と思《おも》ってしまうのかもしれないね。最近《さいきん》では、人《ひと》づきあいがにがてだったり、他人《たにん》に無関心《むかんしん》だったりすることを「コミュ障《しょう》」って言《い》うから、おぼえやすくなったかな。

バトミントン？

「**バドミントン**」が本来《ほんらい》の言《い》い方《かた》だよ。英語《えいご》で書《か》くとbadmintonで「d」は「ド」と発音《はつおん》するんだ。「バトミントン」と言《い》っている人《ひと》も多《おお》く、認《みと》められてきているよ。ただ、バドミントン部《ぶ》を略《りゃく》すときは「バド部《ぶ》」と言《い》っているよ。

トートバック？

手《て》さげ袋《ぶくろ》のことだね。「**トートバッグ**」が正《ただ》しいんだ。「トート」は運《はこ》ぶという意味《いみ》なんだ。かばんの意味《いみ》の「バッグ」を「バック」と言《い》う人《ひと》は多《おお》いけれど、「バック」は別《べつ》のことばで、「うしろ」や「背《せ》中《なか》」という意味《いみ》になっちゃうよ。

エキジビション？

「公開《こうかい》」という意《い》味《み》の英語《えいご》だよ。「**エキシビション**ゲーム」と言《い》っているのを聞《き》いたことがあるかな。これは模範演《もはんえん》技《ぎ》のことなんだ。言《い》いにくいけれど「エキシビション」が正《ただ》しい言《い》い方《かた》なんだ。この語《ご》は、ふたつ目《め》の「シ」をにごって「エキシビジョン」と言《い》う人《ひと》もいるよ。

思いこみことば

ホットドック？

みんなはこの食《た》べものは好《す》きかな。「**ホットドッグ**」が正《ただ》しいんだ。「ドッグ」は犬《いぬ》のことで、「ホットドッグ」はそのままの意味《いみ》だと、「熱《あつ》い犬《いぬ》」ということなんだ。おかしな名前《なまえ》だけれど、胴《どう》の長《なが》い犬《いぬ》のダックスフンドに似《に》ていることから命名《めいめい》されたという説《せつ》があるよ。犬《いぬ》は英語《えいご》で「ドッグ」で「ドック」ではないから、「ホットドック」とは言《い》わないようにね。

アボガド？

日本語《にほんご》では「鰐梨《わになし》」とも呼《よ》ばれる果実《かじつ》のことだよ。皮《かわ》がワニの背中《せなか》の皮《かわ》に似《に》ているから、そのように呼《よ》ばれているんだ。言《い》いにくいけれど、「**アボカド**」が正《ただ》しいんだよ。

ギブス？

「**ギプス**」が正《ただ》しいんだ。「ギブス」と言《い》う人《ひと》も多《おお》いね。もともとは「石膏《せっこう》」という意味《いみ》で、骨折《こっせつ》のときや手術《しゅじゅつ》をしたときに患部《かんぶ》が動《うご》かないよう固定《こてい》するものの名前《なまえ》だよ。

ドッチボール？

英語《えいご》で「身《み》をかわす」という意味《いみ》の「ドッジ」からきていることばなんだ。だから、「**ドッジボール**」が本来《ほんらい》の言《い》い方《かた》なんだ。でも「ドッチボール」という人《ひと》も多《おお》くて、辞書《じしょ》によっては「ドッチボール」をのせているものもあるよ。

フィギア？

「**フィギュア**」が正《ただ》しいんだ。「フィギア」って言《い》う人《ひと》も多《おお》いけれどね。もともとは図形《ずけい》という意味《いみ》で、「フィギュアスケート」は、氷《こおり》の上《うえ》で図形《ずけい》を正確《せいかく》に描《えが》くことからなんだ。「人形《にんぎょう》」という意味《いみ》もあって、「キャラクターのフィギュア」はこの意味《いみ》だよ。「ただの人形《にんぎょう》には『ギア（歯車《はぐるま》）』はない」とおぼえるといいかもね。

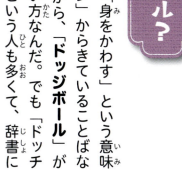

ことばって言《い》いやすいか言《い》いにくいかって、けっこう大《おお》きな問題《もんだい》なんだ。「音変化《おんへんか》」したことばを4つ集《あつ》めたよ。見《み》ていこう。

しば**た**く？

目《め》をパチパチとさかんにまばたきすることをなんと言《い》っているかな？　このことばはもともと「**しばたたく**」だったんだ。「しば」は、動詞《どうし》の上《うえ》について、動作《どうさ》などが何度《なんど》もくり返《かえ》されるようすをあらわす語《ご》なんだ。「しばたたく」は「た」がふたつ重《かさ》なって言《い》いにくいから変化《へんか》して、「しばたく」と言《い》われるようになったんだね。最近《さいきん》では、「しばたく」も辞書《じしょ》にのっていて、漢字《かんじ》では「瞬く」と書《か》くよ。

あ**ら**げる？

「いかりのあまり、思《おも》わず声《こえ》を荒《あら》らげる」などと言《い》うときに使《つか》う「荒《あら》らげる」なんだけど、「あららげる」と読《よ》む人《ひと》と「あらげる」と読《よ》む人《ひと》がいるんだ。「荒《あら》らげる」は声《こえ》や態度《たいど》を荒々《あらあら》しくするという意味《いみ》だよ。この「荒《あら》らげる」の読《よ》み方《かた》を、二〇二一年度《ねんど》に文化庁《ぶんかちょう》が調査《ちょうさ》したら、80パーセント近《ちか》い人《ひと》が「あらげる」と読《よ》んでいるようなんだ。「**あららげる**」がもともとの読《よ》み方《かた》なんだけど「あららげる」は言《い》いにくいからなのかな、「あらげる」という音変化《おんへんか》が起《お》こったんだ。それに、「荒らす」は「あらす」と読《よ》むので、「荒らげる」も「あらげる」と読《よ》みたくなってしまうかもしれない。最近《さいきん》の辞書《じしょ》は、「あらげる」ものせているよ。

味《あじ》あわせる？

おいしさやおもしろさを感《かん》じさせたりすることを、「あじわわせる」と言《い》う人《ひと》も「あじあわせる」と言《い》う人《ひと》もいるんだ。でも、もともとの言《い》い方《かた》は「**味《あじ》わわせる**」なんだよ。「味《あじ》わう」という動詞《どうし》（の未然形《みぜんけい》）「味《あじ》わ・わ」に、「せる」という語《ご》（助動詞《じょどうし》）がついた言《い》い方《かた》なんだ。でも「味《あじ》わわせる」なんてちょっと言《い》いづらいよね。そこで、「味《あじ》わう」ではなく「味《あじ》あう」、「味《あじ》わわせる」じゃなくて「味《あじ》あわせる」という言《い》い方《かた》も生《う》まれたんだ。全部《ぜんぶ》の辞書《じしょ》ではないけれど辞書《じしょ》によっては、変化《へんか》した「味《あじ》あう」をのせているものもあるよ。

手《て》をこまねく？

みんなは「手《て》をこまねく」って言《い》うかな？ うで組《ぐ》みをする、そのようなようすでなにもしないで見《み》ているという意味《いみ》だよ。この「手《て》をこまねく」なんだけど、もともとは「**手《て》をこまぬく**」だったんだ。でも、今《いま》では「こまぬく」よりも「こまねく」と言《い》う人《ひと》のほうが多《おお》いかもしれないね。だから、「こまねく」も辞書《じしょ》にのっているよ。

ところで、「手《て》をこまねく」は、「こまぬく」が音変《おんへん》化《か》しただけでなく、意味《いみ》も変化《へんか》していることばなんだよ。「なにもしないで見《み》ている」という意味《いみ》ではなく、もともとはなかった「準備《じゅんび》をして待《ま》ちかまえる」という意味《いみ》だと思《おも》っている人《ひと》が多《おお》くなっているんだ。二〇一九年度《ねんど》に文化庁《ぶんかちょう》が調査《ちょうさ》したら、50パーセント近《ちか》い人《ひと》がその意味《いみ》だと答《こた》えたんだ。ことばって、ほんとうにいろいろと変《へん》化《か》するんだね。

2章《しょう》「思《おも》いこみ変《へん》することば」のおさらい

各《かく》マスには、ふたつのことばが書《か》いてあるよ。本来《ほんらい》の読《よ》み方《かた》や書《か》き方《かた》をしていることば、正《ただ》しいことばを選《えら》んで進《すす》もう。スタートからゴールまでの選《えら》んだことばについている○の文字《もじ》を並《なら》べると、ひとつのことばになるよ。

スタート

・興味深々《きょうみしんしん》 ㋩ ・興味津々《きょうみしんしん》 ㋜ ←す ↓は	・しばたく ㋑ ・しばたたく ば ←い ↓ば	・異口同音《いくどうおん》 ㋖ ・異句同音《いくどうおん》 ㋩ ←は ↓き
・舌《した》づつみを打《う》つ ㋻ ・舌《した》つづみを打《う》つ ㋕ ←か ↓わ	・順風満帆《じゅんぷうまんぽ》 ㋟ ・順風満帆《じゅんぷうまんぱん》 ㋶ ←た ↓ら	・アボカド ㋚ ・アボガド ㋒ ←う ↓さ
・職人気質《しょくにんかたぎ》 ㋟ ・職人気質《しょくにんきしつ》 ㋶ ←た ↓ら	・フィギュア ㋛ ・フィギア ㋠ ←し ↓ち	・一世一代《いっせいちだい》 ㋑ ・一世一代《いっせいいちだい》 ㋝ ←せ ↓い
・口数《くちかず》がへらない ㋺ ・口《くち》がへらない ㋸ ←る ↓ろ	・短刀直入《たんとうちょくにゅう》 ㋥ ・単刀直入《たんとうちょくにゅう》 ㋛ ←し ↓に	ゴール

答《こた》え すばらしい

やってみよう！ どっちの意味《いみ》かなアンケート

みんながどのような意味《いみ》で使《つか》っているかアンケートをしてみよう！

この本《ほん》で紹介《しょうかい》したことばについて、クラスのみんなや友《とも》だち、家族《かぞく》にアンケートを取《と》って、「元《もと》の意味《いみ》」「変化《へんか》した意味《いみ》」のどちらの意味《いみ》で使《つか》うことが多《おお》いかを調《しら》べてみよう！

いろいろな年代《ねんだい》ごとや、性別《せいべつ》ごとなど、まとめ方《かた》をくふうしてみるとおもしろいね。じょうずにまとめられたら、クラスで発表《はっぴょう》してみよう！

自分《じぶん》たちでことばの変化《へんか》を調査《ちょうさ》してみるんだね

アンケートに協力《きょうりょく》をお願《ねが》いします

〈例《れい》〉

変化《へんか》することばのアンケート

性別《せいべつ》（　　）　年《ねん》れい（　　）

これからしめすことばの意味《いみ》はどれだと思《おも》いますか。丸《まる》をつけてください。

①おもむろに歩《ある》き出《だ》す。
A 急《きゅう》に歩《ある》き出《だ》す。
B ゆっくり歩《ある》き出《だ》す。
C そのほか（　　）

②情《なさ》けは人のためならず
A 情《なさ》けを人《ひと》にかけておくと、それがよい報《むく》いとなって自分《じぶん》にもどってくる。
B 人《ひと》に親切《しんせつ》にすることは、結局《けっきょく》はその人《ひと》のためにならない。
C そのほか（　　）

ご協力《きょうりょく》ありがとうございました。

おとなの人《ひと》にもアンケートを取《と》るからていねいに書《か》こう

この本《ほん》に出《で》てこないことばもどんどん調《しら》べてみたいね

さくいん

あ

愛《あい》そ笑《わら》い……4
明《あか》るみになる……27
明《あか》るみに出《で》る……27
あげ足《あし》を取《と》る……9
味《あじ》あわせる……37
味《あじ》わわせる……37
あせる……23
アボカド……35, 38
アボガド……35, 38
雨《あめ》もよう……3
あらげる……36
あららげる……36
あわれ……18
異口同音《いくどうおん》……31, 38
異句同音《いくどうおん》……31, 38
勇《いさ》み足《あし》……9
以心伝心《いしんでんしん》……31
意心伝心《いしんでんしん》……31
板《いた》につく……15
一段落《いちだんらく》……32
一心同体《いっしんどうたい》……31
一身同体《いっしんどうたい》……31
一世一代《いっせいいちだい》……33, 38
一世一代《いっせいちだい》……33, 38
いなずま……28
いなづま……28
意味深長《いみしんちょう》……31
意味深重《いみしんちょう》……31
うがった見方《みかた》……16
うす笑《わら》い……4
馬《うま》の耳《みみ》に念仏《ねんぶつ》……21
裏方《うらかた》……14
うれし泣《な》き……5
エキシビション……34
エキシビジョン……34
エキジビション……34
えぐい……6
お家芸《いえげい》……15
王道《おうどう》……19
大一番《おおいちばん》……8
大《おお》げさ……20
大地震《おおじしん》……33
押《お》しに弱《よわ》い……8
十八番《おはこ》……14
お眼鏡《めがね》にかなう……26
お目《め》にかなう……26
おもむろに……11, 24, 39
温古知新《おんこちしん》……30
温故知新《おんこちしん》……30

か

課金《かきん》する……23
俄然《がぜん》……10
ガチ……8
危機一発《ききいっぱつ》……30
危機一髪《ききいっぱつ》……30
ぎこちない……29
ぎごちない……29
貴様《きさま》……16
ギブス……35
ギプス……35
興味津々《きょうみしんしん》……31, 38
興味深々《きょうみしんしん》……31, 38
金星《きんぼし》……9
苦笑《くしょう》……4
口数《くちかず》がへらない……26, 38
口《くち》がへらない……26, 38
黒子《くろこ》……15
黒子《くろご》……15
号泣《ごうきゅう》……5, 24
降臨《こうりん》……21
姑息《こそく》……18
こだわる……7
小春日和《こはるびより》……13
コミニュケーション……34
コミュニケーション……34
五里夢中《ごりむちゅう》……30
五里霧中《ごりむちゅう》……30

さ

早急《さっきゅう》……32
潮時《しおどき》……17, 24
敷居《しきい》が高《たか》い……22
仕切《しき》り直《なお》し……9
舌《した》つづみ……25, 29, 38
舌《した》づつみ……25, 29, 38
失笑《しっしょう》……4, 16
しばたく……36, 38
しばたたく……36, 38
シミュレーション……34
十八番《じゅうはちばん》……14
出世《しゅっせ》……20
シュミレーション……34
修羅場《しゅらば》……15
順風満帆《じゅんぷうまんぱん》……33
順風満帆《じゅんぷうまんぽ》……33
正真正銘《しょうしんしょうめい》……30
正真証明《しょうしんしょうめい》……30
上意下達《じょういかたつ》……32
上意下達《じょういげたつ》……32
職人気質《しょくにんかたぎ》……33, 38
職人気質《しょくにんきしつ》……33, 38
序《じょ》の口《くち》……9
心気一転《しんきいってん》……30
心機一転《しんきいってん》……30
すずしい顔《かお》……22, 24
すすり泣《な》く……5
すばらしい……19
せいぜい……17
絶体絶命《ぜったいぜつめい》……30
絶対絶命《ぜったいぜつめい》……30
せまき門《もん》……21
早急《そうきゅう》……32

た

大地震《だいじしん》……33
大笑《たいしょう》……4
他人事《たにんごと》……32
単刀直入《たんとうちょくにゅう》……31, 38
短刀直入《たんとうちょくにゅう》……31, 38
力不足《ちからぶそく》……13
茶番《ちゃばん》……14
つめあとを残《のこ》す……7
手《て》をこまぬく……37
手《て》をこまねく……37
転生《てんしょう》……20
転生《てんせい》……20
慟哭《どうこく》……5
トートバック……34
トートバッグ……34
ドッジボール……35
ドッチボール……35
取《と》りつくしまもない……27
取《と》りつくひまもない……27
鳥肌《とりはだ》が立《た》つ……6
どんでん返《がえ》し……15

な

泣《な》きじゃくる……5
情《なさ》けは人《ひと》のためならず……12, 39
涙《なみだ》を流《なが》す……5
煮《に》つまる……16
二《に》の舞《まい》を演《えん》じる……13
二《に》の舞《まい》をふむ……13
にわか……10
ぬれ手《て》に泡《あわ》……12
ぬれ手《て》に粟《あわ》……12
猫《ねこ》に小判《こばん》……21
のほほん……11

は

爆笑《ばくしょう》……4
バトミントン……34
バドミントン……34
飯盒炊爨《はんごうすいさん》……33
飯盒炊飯《はんごうすいはん》……33
他人事《ひとごと》……32
一段落《ひとだんらく》……32
微妙《びみょう》……16
フィギア……35, 38
フィギュア……35, 38
豚《ぶた》に真珠《しんじゅ》……21
ふところが深《ふか》い……8
ホットドック……35
ホットドッグ……35

ま

馬子《まご》にも衣装《いしょう》……12
孫《まご》にも衣装《いしょう》……12
まつわりつく……28, 38
まとわりつく……28, 38
的《まと》を射《い》る……12
的《まと》を得《え》る……12
見得《みえ》……14
見切《みき》れる……14
見《み》せ場《ば》……15
むせび泣《な》く……5
胸《むね》を借《か》りる……8
めちゃ……21

や

役不足《やくぶそく》……13
やばい……6

ら

利益《りえき》……12, 20
利益《りやく》……20

わ

脇《わき》があまい……9

監修　**神永 曉**（かみなが　さとる）

辞書編集者。小学館辞書編集部元編集長。第 24 期文化審議会国語分科会委員。
1956 年千葉県生まれ。1980 年に出版社に入社後、37 年間ほぼ辞書編集一筋の編集者人生を送る。定年退職後の現在も『日本国語大辞典　第三版』（小学館）に向けての編纂事業に参画している。担当した辞書は『日本国語大辞典　第二版』『現代国語例解辞典』『例解学習国語辞典』（いずれも小学館）など多数。著書『悩ましい国語辞典』（時事通信社／角川ソフィア文庫）、『辞書編集、三十七年』『微妙におかしな日本語』（ともに草思社）など。

イラスト　山中正大
装丁・デザイン　森岡寛貴（一般社団法人ミライエ）
DTP　株式会社明昌堂
制作　株式会社ダブル ウイング

日本語発見《にほんごはっけん》ツアー
①意味変《いみへん》することば・思《おも》いこみ変《へん》することば

2025 年 1 月 7 日　初版第 1 刷発行

監　修　神永 曉
発行者　西村保彦
発行所　鈴木出版株式会社
〒 101-0051 東京都千代田区神田神保町 2-3-1
岩波書店アネックスビル 5F
電話　03-6272-8001
ファックス　03-6272-8016
振替　00110-0-34090
ホームページ　https://suzuki-syuppan.com/
印　刷　株式会社ウイル・コーポレーション

ISBN978-4-7902-3440-1 C8081
Published by Suzuki Publishing Co., Ltd.
Printed in Japan　NDC814/ 40p/ 28.3 × 21.5㎝

日本語
発見ツアー